Bora Makiwa

La Vie, Un Mystère

Bora Makiwa

La Vie, Un Mystère

Recueil de poèmes

Éditions Muse

Imprint

Cover image: www.ingimage.com

Publisher:
Éditions Muse
is a trademark of
International Book Market Service Ltd., member of OmniScriptum Publishing Group
17 Meldrum Street, Beau Bassin 71504, Mauritius
Printed at: see last page
ISBN: 978-620-2-29889-6

Bora Makiwa Mamy

La vie, un mystère

BORA MAKIWA MAMY

LA VIE, UN MYSTERE

Recueil de poèmes

BORA MAKIWA MAMY

LA VIE, UN MYSTERE

Recueil de poèmes

DEDICACE

A ma mère, qui par son amour, m'as donné l'envie de devenir une personne importante dans la société malgré les périphéries ;

A tous les poètes particulièrement Musafiri Lwama Raphael et Jospin Kubota, pour leur soutien via leurs encouragements ;

A tous les enfants nés pendant la guerre, ceux qui ont été délaissés, abandonnés par leurs parents ;

A tous serviteurs et servantes de Dieu de mon église locale Aumônerie Protestante de l'Institut Supérieur des Techniques et Médicales de Bukavu ;

A toutes les amies et connaissances qui me sont chères,

je dédie ce recueil des poèmes.

REMERCIEMENTS

D'abord ma reconnaissance indéfectible à l'Eternel Dieu Tout-Puissant qui a conduit mes pas vers la connaissance et la sagesse.

Ensuite, mes remerciements à ma mère Mawazo Musombwa Rebecca qui m'a toujours soutenue, qui a toujours sacrifiée ses intérêts pour mon bonheur, à mon éditrice Victoria Serepitca, sans lesquelles ces pages n'auraient pas vu le jour.

Enfin, mes remerciements à tous mes amis et particulièrement à Musafiri Lwama Raphael, mon ami de tout le temps pour son soutien en vue de l'aboutissement de ce recueil, au Pasteur Rodrigue Buchakuzi pour son encadrement et son soutien tant spirituel qu'intellectuel et à Jospin Kubota pour leur encouragement dans l'aventure d'écriture.

PREFACE

La vie un mystère ! Elle comporte des hauts et des bas, des joies et des souffrances, des tragédies et des comédies, des tragicomédies…

Telle est l'expression qui traverse tous les poèmes de ce recueil que nous offre Bora Makiwa Mamy.

On sait y déceler une âme contrié mais qui retrouve force de vivre, par la foi, en Dieu. Car "désespérer, c'est refuser de vivre", a confié le patriarche poète Aimé césaire aux âmes abattues par le désespoir.

On ne lit pas les poèmes de ce recueil sans se rendre compte qu'ils constituent une voix dont le cœur saigne à la suite d'une vie d'orages. Cependant, ces orages ne sont pas éternels, ils passent comme le vent qui souffle et la vie revient pour être vécue, avec la joie que procure l'Etre Amour. Désespérer conduit à la mort, osons-nous conclure : il faut espérer, il faut vivre par la foi, la foi est une énergie pour la vie. Voilà le ton pour lequel se termine le dernier poème de ce recueil.

Rodrigue Buchakuzi Kanefu

Chef de Travaux, Sécretaire Culturel de l'Union des Ecrivains Congolais (UEC) Pléiade du Sud-Kivu

PROLOGUE

La vie a toujours été un mystère. Pour certains, elle est douce et paisible et pour d'autres elle est méchante et perturbée.

Oui, dans la vie, il y a des séquences : un temps de paix et de bonheur, un temps de guerre et de méchanceté. On aime, on est aimé, on se réjouit, on rit, on possède. On est haï, on pleure, on est dépossédé, on souffre….

Chaque être humain a déjà connu l'un de ces temps et ce qui nous rend plus fort est que nous avons Jésus à nos côtés pour ceux-là qui l'ont accepté, par-dessus tout, il nous soutient et cela nous rend plus que vainqueurs.

Quand nous venons au monde, nous cherchons tous l'amour, le sentiment d'être aimé, apprécié, protégé, respecté, considéré, sécurisé par nos proches et en particulier par nos parents (père et mère), nous cherchons grandir dans un espace où il y a un climat de paix, de prospérité, de bonheur et dans un environnement sain et propre. Mais souvent ce n'est pas le cas, il y a ceux qui naissent dans la bourgeoisie et d'autres dans une pauvreté à outrance et le pire est de naitre en temps de guerre. Certains naissent en famille bien complète où il y a un père et une mère qui les ont attendus avec impatience et d'autres naissent mais sans père et la mère a même des idées de l'abandonner à la porte d'un orphelin parce que l'homme qui l'a rendue enceinte ne veut plus d'elle et du soi-disant bébé, le prétexte pour lui, c'est qu'il est jeune pour être parent, et le mieux à faire, c'est abandonner l'enfant innocent, n'ayant même pas demandé de venir au monde . On lui inflige de la souffrance à son entrée au monde.

Naitre dans un climat de paix est l'idéal, mais la méchanceté de ce monde, la guerre et la famine s'interposent pour troubler la quiétude.

Comme c'est merveilleux d'avoir au moins aimé sincèrement une personne, de l'aimer de tout son cœur et de toute sa force. Une personne qui n'est pas de ta famille mais qui est plus que les membres de ta famille, sur qui tu peux compter, en qui tu peux te confier. C'est le plus beau de sentiment qui puisse exister sur terre mais il arrive que cette même personne qu'on aime de tout son cœur puisse te trahir et te faire du mal, et cette trahison n'empêcherait pas d'aimer à nouveau car on ne demande pas de tomber amoureux mais on le constate plus tard.

Dans cette marche, il y a une catégorie de personnes qui sont toujours derrière nous, elles ne se montrent pas et elles ne sont pas à côté de nous mais derrière nous pour couvrir et achever nos actions. Ces personnes-là qui nous soutiennent, qui nous aiment sans moindre intérêt, qui prient pour nous, qui nous poussent toujours à aller de l'avant, on les appelle « ami (es) (s) ». Nous devrions tout faire pour les garder dans notre cœur, pour leur être reconnaissant.

BRISE

Aimer pour être haï

S'intéresser sans aucun plaisir

Considérer sans être respecté

Faire confiance pour être suspecté

La vie est parfois injuste

Surtout pour ceux qui sont justes

Oh ! Regarde, ce qu'a engendré ma bienfaisance

Je croyais autrefois à la reconnaissance

Le petit oiseau dans son nid

Très aimable, il a risqué de rester nu

A cause de l'hospitalité qui lui a couté sa vie

Faite à un petit serpent au sens dépourvu

Oh petite chèvre stupide

Depuis quand un lion avait besoin de pommade

Uniquement pour soigner ses blessures

Même s'il a de la fracture

Est-ce mal d'aider ceux qui sont en besoin

Montrer la lumière à ceux qui sont au petit coin

Est-ce mauvais d'être généreux

Et parfois d'être amoureux ?

Comme c'est beau d'être en communion !
Comme les bateaux avec les camions
Malgré la différence
Il y a toujours une nécessité d'être en concomitance

Mais alors la prudence appelle la vigilance
Pour éviter d'être des proies sans importance
Petite chèvre, tu es trop douce
Aide, mais reste toujours aux aguets

Nourrir un serpent pour qu'il te morde
C'est mettre du poison dans sa nourriture tout en implorant les anges
Car ce n'est pas de la flatterie mais du suicide
Qui n'est pas très loin de l'homicide.

EMMANUEL

L'enfant dont la venue était annoncée

Plusieurs années avant sa naissance

Sur lui repose la gloire, la paix et la connaissance

Sa paix dépasse l'entendement de notre intelligence

La sagesse et la grâce avaient caractérisé sa croissance

Par son sang, nous avons eu avec Dieu une nouvelle alliance

Dieu parmi nous les pécheurs, Emmanuel

Le roi des rois, celui qui ne change pas, Eternel

Lui qui était au commencement, la Parole

Pour la rémission de nos péchés, il a laissé le ciel

Et a accepté d'être marginalisé, crucifié par les descendants d'Israël

Nous sommes par son sacrifice, un sacerdoce royal

Il a fait de nous, un royaume des sacrificateurs

En croyant en lui, nous sommes devenus d'office enfants du Créateur

Pour prouver son amour, il avait accepté de descendre sur la terre

Le roi redoutable a été l'objet de maltraitance par les crucificateurs

Dans nos vies, il reste le principal acteur

Jamais, je ne douterai de son amour

Pour que je sois racheté, à la croix il avait pris tous mes torts

J'ai droit à la vie éternelle grâce à sa mort

Et pour qu'un jour je sois couronné, il devrait être mon mentor.

JE PLAIDE COUPABLE

Devant le juge, je me suis trouvé
Pour une infraction dont personne ne peut prouver
Je suis accusé d'avoir volé un cœur
D'un jeune garçon qui fait partie d'un chœur

J'étais surprise de connaître la plaignante
Celle qui prétend être son amante
Du fait même qu'elle n'est pas encore son épouse
Mais elle a eu l'audace de faire une action en justice

Monsieur le juge, devant ton auguste tribunal, je plaide coupable
Si aimer une personne, est un acte condamnable
Je suis prête à purger ma peine
Car nier mon amour pour lui me donnerait plus de peine

Je lui ai juste donné ce qu'il mérite
Lui faire du mal, c'est parmi les choses qui m'irritent
L'aimer pour l'éternité, c'est ma promesse
Et son amour pour moi, c'est ma force

En dehors de lui, je ne me vois nulle part
À la rencontre de nos regards
J'avais pris un nouveau départ
Pour l'amour qu'il avait en mon égard

Devant le jury, je suis trouvé innocente

Car le vol n'était pas trouvé dans mon sang

Merci au juge qui déclare cette cause close

Et je rentre à la maison étant joyeuse.

LA BATAILLE

La vie est semblable à un champ de bataille
Seuls les vainqueurs remporteront les gros bétails
On ne vit qu'à la grandeur de sa taille
Et il faut être violent pour remporter la bataille

Quelques-uns ont dû abandonner la course
Puisqu'ils ont rencontré diverses secousses
Mais hélas ! C'est le tournoi de la vie
Quand on combat jusqu'à perdre le sens de la vie

Un chevalier se rend au champ de bataille avec son armure
Pour bien se défendre et démolir les mûrs
Dans la guerre, on utilise plusieurs armes
Juste pour arracher les âmes

Pourquoi les gens se battent ?
Pourquoi il y a tant de tumultes ?
Le pouvoir, la richesse font partie des causes
Nombreuses d'entre elles, sont souvent scandaleuses

Le taux de la cruauté a manifesté sa principauté
La vengeance l'expression de la méchanceté
La violence s'accroît à cause de la course vers la royauté
Le mal prend sa place pour avoir juste le titre de sa majesté

La vie n'a pas toujours été facile

Il faut passer par des moments difficiles

Pour avoir un jour la victoire

Et pour marcher dans son aire de gloire

Nombreux sont ceux qui ont tombés sans se relever

Avec toutes leurs histoires inachevées

L'ennemi ayant découvert leur côté faible

Leur chute était inéluctable

L'important ce n'est pas la force qu'on utilise

Mais toutes les barrières qu'on brise

Parce que nous sommes de la race des vainqueurs

Derrière nous toute notre rancœur

Et christ en nous, nous sommes plus que vainqueurs

Notre petite histoire magique tracée

Toutes nos peines en Christ sont passées

Du bon combat de la foi, combattu

Comme médaille une couronne revêtue.

LA GUERRE

Né pendant la guerre

Ayant grandi dans la misère

La vie un grand mystère !

Depuis l'apparition de l'homme sur la terre

Les gens ne sont qu'à la recherche du bonheur

Prêts à tout faire pour conserver leur honneur

L'homme dans sa curiosité

S'est vu embrasser l'iniquité

En voulant impressionner sa communauté

Il a fini par épouser la pauvreté

Condamné à travailler dur pour nourrir sa postérité

Ce qui est le résultat de sa férocité

Nous sommes tous dans la guerre

La vie sur terre devient amère

La terre remplie de misères

L'humanité caractérisée par la peur

C'est le temps de se tourner vers le Créateur

Pour ne pas être victime de sa colère

Le temps de Jésus-Christ est proche

On n'attend que le signal au son de la cloche

Pour qu'il emmène avec lui ceux qui lui sont proches

Ceux qui vivaient sur la terre sans reproches

Et qui ont suivi Jésus dans toute sa marche.

MA LOUANGE

L'Eternel est mon refuge

Dès le réveil, je me rassasie de son image

Pour lui rendre hommage

Chez lui, j'ai tant de privilèges

De l'adorer comme ont fait les mages

Et pour ceux qui ratent cette occasion, quel dommage !

L'Eternel est ma force !

Car il est juste et il aime la justice

Les hommes droits contemplent sa face

Et il n'aime pas ceux qui font la malice

Mon âme loue l'Eternel avec action de grâce

Car je suis pour lui un enfant qui fait ses délices

Que ton nom est magnifique

Par ton amour, tu as donné ton fils unique

Oh ! Prince pacifique !

Dans tes bras, je n'ai point de panique

Malgré mes pensées iniques

Tu me portes à cœur et mes tuniques tu les fabriques

Reçois aujourd'hui les paroles de mon cantique

Oh ! Eternel, tu n'as point de semblable

Car tu es très aimable, raisonnable, redoutable

Par nos pèches, nous étions impardonnables

Par nos iniquités, nous n'étions que misérables

Mais par ton amour incommensurable

Nous sommes pardonnés, Seigneur tu es formidable

L'IGNORANCE DE LA CONNAISSANCE

Quelle peut être l'origine de la connaissance

Si ce n'est pas par Dieu de toute puissance

En craignant son om qui est le commencement de toute science

Mais aujourd'hui, beaucoup de gens n'ont plus la confiance

En leur Dieu qui leur donne de l'intelligence

Dieu donne aux jeunes hommes le sens de la réflexion

En les éloignant du mal pour aboutir aux fins de leurs ambitions

Car celui qui aime la science doit aimer aussi la correction

Pour vivre dans de bonnes conditions

Il faut avoir avec Dieu de bonnes relations

Aujourd'hui, la jeunesse et l'adolescence nous font perdre la chance

Et prendre notre conscience tout en oubliant Dieu depuis notre enfance

Et en négligeant ses paroles ainsi que les sentences

Or celui qui les pratique sera dans une totale assurance

Et l'Eternel sera son appui s'il a la persévérance

Quel est ce grand fléau ?

Qui nous conduit au tombeau

Comme dans un bateau

En oubliant que le très haut

Ne veut pas que ce fléau nous conduit au tombeau

Pourquoi il y a beaucoup d'échecs ?

Même les oiseaux ouvrent leurs becs

Pour montrer qu'il y a des chocs

A cause de ces grands échecs

Qui nous arrivent comme dans tous les autres pays d'Afrique

Quelle peut être la solution à cette situation

Qui est arrivé au sein de notre institution

Et qui manque des justifications ?

A cette situation, il n'y aura des solutions

Qu'aux simples interventions des inspections.

L'AMITIE

L'amitié est toujours une douce responsabilité

Jamais une opportunité

Car l'opportunisme est le masque de l'hypocrisie, ennemi de la sincérité

L'amitié n'est bonne que si elle peut rimer avec le mot fraternité

L'amitié est la plus grande école de la vérité

Elle n'admet ni le mensonge ni la trahison ni la méchanceté

Ni l'ingratitude ni la grossièreté ni l'incongruité

Mais, elle requiert l'honnête, la complicité, la civilité, la probité et la loyauté

L'amitié est un choix et ce dernier est un sacrifice

Pour former enfin un bel édifice

En toute occasion, un ami nous rend justice

Comme le dit souvent le frère Iman patrice

L'amitié est un acte ou la guerre et la haine sont prescrites

Et où le silence quelquefois a le mérite

Plus les centres d'intérêts sont nombreux, plus l'amitié a de chances de devenir forte

Si on manque la confiance, l'amitié s'effrite

Le bonheur de l'ami nous enchante et nous ajoute

Un ami c'est celui qui reste dans ta vie malgré les problèmes et les distances

Celui qui te comprend au-delà des apparences

L'amitié demande la confiance dans toute sa magnificence

Elle exige de la constance, de l'endurance, de la tolérance, de la patience, de la déférence pour faire la différence

L'amitié double les joies et réduit de moitié les peines

Elle implique souvent un partage des valeurs morales communes

L'amitié est une vertu démocratique et républicaine

Un vrai ami c'est celui qui t'oriente à faire la volonté divine

L'amitié se nourrit de la communication

Elle demande beaucoup d'attention et transcende l'affection

Etre en amitié c'est comme entrer dans une religion car cela crée des obligations

Aux amours malheureux, l'amitié n'est ni une consolation ni une compensation

L'amitié comme l'amour demande beaucoup d'efforts

Le problème n'est pas d'être avec son ami quand il a raison, mais même quand il a tort

Dans l'amitié, le plus beau cadeau c'est de donner son temps à l'autre

Blâme ton ami en secret, vante le devant les autres.

GENERATION ANDROIDE

Quelle génération perverse

Qui est en train de détruire la future jeunesse

En se penchant sur les outils féroces

Qui ravage sans rien laisser avec malice

De ce jour la technologie

A une grande puissance que la magie

Elle influence avec une grande énergie

Dommage avec cette nostalgie

Les jeunes sont devenus esclaves

De leurs appareils, et c'est très grave !

Ils sont devenus solitaires plus que les veuves

Toujours en fouillant dans leurs archives

Les jeunes ne se rencontrent plus car la communication

Est devenue locale dans toutes les nations

Pourvu que tu aies la connexion

Dans l'appareil qui est à ta disposition

Avec peu de moyens, on atteint l'Amérique

Alors qu'on est en Afrique

Oh ! C'est l'évolution de l'informatique

On s'intéresse trop de nos appareils électroniques

Au détriment des versets Bibliques

Quel comportement bizarrement gigantesque !

LA MUSIQUE

Au son de ta musique

Mon cœur s'envole en plastique

Car elle est scolastique

Ou simplement académique

Mon âme se rassasie à la combinaison de ses rythmes

Et surtout quand tu chantes tes hymnes

Avec une technique très moderne

En ce moment, seulement en larmes je m'exprime

Et quand elle perce mon cœur, sur tout l'univers je voyage

A la splendeur des étoiles je m'engage

La douceur de la mélodie me tiens en gage

Pour une dette à laquelle je ne m'engage

Quelque chose se passe, quand les anges sonnent de la trompète

Les troupeaux perdus sont retrouvés grâce au tintement des clochettes

La musique nourrit l'âme et réduit les tumultes

Et souvent son harmonie donne une bonne ambiance au culte

C'est pourquoi, utilisons cet art pour sa gloire

Louons l'Eternel avec nos guitares

Louons-Le avec les cymbales sonores

Pour qu'en nous, il ait toujours sa lumière.

LES CONSEQUENCES DE L'ORGEUIL

L'histoire commence par un chérubin protecteur
Aux ailes déployées comme un acteur
Couvert de la gloire dont il est producteur
De sa bouche remplie d'adoration dont il est conducteur
Et des louanges dont il est animateur

Placé sur la montagne sainte
Marchant au milieu des pierres étincelantes
D'une beauté parfaite
D'une voie émouvante
Et environné d'une sagesse éclatante

Couvert de toute espèce des pierres précieuses
L'une d'entre elles est celle de topaze
Habitant le jardin d'Eden où la vie est merveilleuse
Et où les choses sont faciles même pour les paresseux

Du très Haut tu t'es comparé à cause de ton intelligence
Car tu te fiais à ta connaissance
Par la grandeur de ton commerce, tu as été rempli des violences
Et tu as négligé les paroles sages de Dieu ainsi que de leur sentence
En refusant son intelligence, sa magnificence, sa science ainsi que sa puissance

Depuis le jour où tu fus créé dans tes voies, on a trouvé de l'intégrité

Jusqu'à celui où chez toi, on a trouvé de l'iniquité

Ton cœur s'est élevé à cause de ta beauté

Par ton éclat, tu as corrompu ta sagesse complimentée

Te voilà par terre jeté

De la montagne de Dieu précipité

Et parmi les anges de Dieu, tu ne seras plus compté

A cause de ton orgueil manifesté

Il y eut guerre dans le ciel

Le dragon et ses anges contre les anges de Dieu ainsi que l'ange Michel

Ils ne furent pas les plus forts et leur place ne fut plus dans le ciel

Ils les ont vaincus grâce au sang de l'Agneau et du témoignage de leurs paroles

Il parut un grand signe dans le ciel

Une femme enveloppée par le soleil

La lune sous ses pieds et une couronne sur sa tête de douze étoiles

Elle était enceinte

Et elle criait des douleurs de l'enfantement dont elle avait la crainte

La femme enfantant un fils rempli d'émotion

Qui doit paître avec une verge de fer toutes les nations

En ce temps-là ceux de ton peuple qui auraient pris inscription

Dans le livre de vie seront sauvés de la tribulation

C'est pourquoi Jésus, nous appelle

Nous sommes rebelles

A lui laisser entrer dans nos cœurs

Pour déchaîner tous les malheurs

Que Satan avait enfermés dans nos cœurs

Et si Jésus était mort

C'était pour prendre tous nos torts

Car il avait laissé son trône pour être notre Seigneur

Et la gloire des anges pour être notre Sauveur

Son amour pour nous est inexplicable

Et son sacrifice inoubliable.

MISERABLE

Conçu dans la misère

Né pendant la guerre

Ayant grandi sans père ni mère

Ayant vécu une vie amère

BBM ne peut rester sans rien dire !

La vie n'est qu'une souffrance

On vit sans aucune espérance

De voir un jour la différence

Et quitter dans cette pauvreté à outrance

De parents, je suis abandonné, rejeté

Resté sans aucune communauté

Ni famille à ma disponibilité

Et je me retrouve dans la rue sans aucune piété

Je ne peux rien faire d'autre car déjà découragé

Les hommes ne nous font qu'outrages

Mon cerveau déjà endommagé

Préjudicié et personne va me dédommager

Dans la rue, il y a la famine

Chacun pour soi, il n'y a pas de vie commune

Pas de maison, on dort à la lumière de la lune

Prêt à tout faire pour trouver de la farine

Dans la société, j'ai du mal à avoir de bonnes relations
Car je suis dépassé par diverses situations
Condamné à rester seul sans aucune solution
La vengeance devient mon unique expression
Pour apaiser ma tension

C'est pourquoi j'en ai marre des parents irresponsables
Les hommes, qui pour engrosser, sont incontournables
Mais prendre soin de ces embryons, ils sont incapables
Au début de leur relation, ils se montrent admirables
Mais une fois qu'il y a grossesse, on déclare indésirable
La pauvre fille lui en chérie !

MON COEUR

De ton amour, tu m'as rendu aveugle

Notre histoire d'amour celle de la poule et de l'aigle

Ils aiment bien l'un et l'autre

Mais rester ensemble, c'est une erreur à ne pas commettre

Aux yeux du monde, notre relation n'est qu'une perte du temps

Nos différences comme celles de l'hiver et du printemps

Et notre amour comme celui du soleil et de la lune

Malgré leur amour, il y a l'impossibilité d'une vie commune

Mais je ne doute pas que je ne suis fait que pour toi

Ma vie entière, j'aimerai la passer sous ton toit

Ce qui est vrai est que de ton amour je suis esclave

Car c'est la seule chose qui me rend brave

Mon cœur, tu l'as gardé prisonnier

Ma vie destinée à se réjouir de tes bannières

Ton regard magique me précipite à la mort

Ta voix me ravive et me donne raison malgré mes torts

Tu es le si beau cadeau qui m'est venu du ciel

Mon amour pour toi est au-delà du naturel

Combien d'excuses à inventer pour t'attendre

Combien d'années j'aurai encore pour te comprendre

J'avais appris qu'une personne parfaite

Depuis les nuits de temps, était un mythe

Mais depuis le début de notre relation

Je ne partage pas cette information

Chez toi, je ne trouve aucun défaut

Et je glorifie Dieu de t'avoir créé si magnifique

Car chez toi, il y a tout ce qu'il me faut

Ton affection qui me fait oublier tous mes moments tragiques.

QUI SUIS-JE

Avant tout, je ne suis pas une erreur
Importe que je ne sois pas désiré sur terre
Mais ma présence sur la planète terre
Est le résultat de la création et non du hasard
Créé par Dieu pour lui rendre gloire

Né pour accomplir une mission spécifique
Et pour la réaliser je n'ai point besoin de traverser l'océan pacifique
Je peux bien le faire même en étant en Afrique
Car Dieu avait tout préparé, avant même ma création
Ce qui me reste, c'est de finir la fondation

Je suis l'enfant du Dieu tout puissant
Dans mes vaines coulent son sang
Depuis le jour qu'il a payé le prix pour me racheter
Et me libérer de l'esclavage dans lequel j'étais emporté
Je sais reconnaître ma valeur en celui qui m'a fait respecter

Je suis la nouvelle génération
Celle qui sait donner à Dieu la louange et l'adoration
Qui se met à genou pour implorer sa miséricorde
Et qui utilise comme arme la parole de Dieu qu'elle possède
Une génération qui suit les commandements à la loupe

Je suis belle et intelligente

Aimable, gentille, douce et prudente

Je ne suis pas celle que le monde pense que je suis

Mais celle que la parole dit que je suis

Car ma vraie identité je ne la trouve qu'en Christ

Ma vie entière n'est que dans ses mains

Devant moi un long chemin

Que je dois parcourir sans aucun arrêt à mi-chemin

Le Seigneur est ma force et mon espérance

En lui je trouve mon assurance

La perfection, c'est le travail du quotidien

Les attaques sont nombreuses mais tu es mon ange gardien

Tu m'as créé pour atteindre un but précis

Et avant ma mort, je dois achever mon récit

Car tu es toujours à mes côtés.

SERVIR LE DIEU D'ISRAEL

Servir l'Eternel dans l'intégrité

C'est de s'éloigner de toute sorte d'impudicité

Des inimitiés, des animosités et de l'infidélité

Car du grand prix il nous a rachetés

L'heure est arrivée où les vrais adorateurs, l'adoreront en esprit et en vérité

En marchant avec toute bonté, fidélité, bénignité, probité, ainsi que toute piété et pureté

Dieu nous créa pour nous mettre à son service

Et chacun de ses serviteurs gardera sa place

Même lorsqu'il s'agira de faire des sacrifices

Autrefois ce n'était pas tout le monde qui s'approchait du sacerdoce

Mais aujourd'hui à cause de la mort de Jésus-Christ nous avons la grâce

Entre ceux qui servent Dieu et ceux qui ne le servent, il y aura une distinction

Servir Dieu, c'est lui rendre l'adoration

Mais attention, dans ce service on peut tirer des malédictions

A la place des bénédictions

Si seulement si on le sert sans sanctification

Au jour du malheur, pour ses serviteurs il aura compensions

Choisis aujourd'hui quel Dieu tu serviras

Choisis devant lequel tu iras

Si c'est le Dieu d'Israël, sur toi il veillera

Si c'est Mammon, sache bien qu'en enfer tu iras

Et sur la terre tu souffriras

Mais si tu sers le Dieu d'Israël, sur son trône il t'établira

SOLUTAIRE

Nos chemins qui ne se sont pas croisés
Nos rêves qui ne se sont pas réalisés
Notre amour qui n'a pas été achevé
Notre histoire qui ne s'est pas achevée

Le train qui nous amenait n'a pas pu nous faire arriver à la destination
Et puis notre voyage s'est arrêté sans moindre hésitation
J'ai voulu t'aimer pour l'éternité
Mais toi, tu m'as laissé tomber

Je me rappelle des nuits où je n'avais pas pu fermer les yeux
Comme j'aimais bien te regarder dans les yeux
T'es parti avec tout ce que j'avais sans rien me laisser
Tu m'as rejeté et de tes pensées tu m'as chassé

Tu as pris avec toi ma joie et mon bonheur
Et je n'arrive pas à t'oublier, c'est la plus grave erreur
Sans toi je n'arrive plus à sourire
Car tu étais ma raison de rire

Il y a un très profond trou qui perse mon cœur
Jour et nuit, je pleurais jusqu'à remplir une mer
Les larmes sont devenues ma nourriture
Et être triste ma seconde nature.

LE TEMPS PARLERA

Chaque chose a son temps

Comme celui de l'été et du printemps

Des jours de joie immense

Comme ceux de grimace

On ne peut rien changer

La lune travaille la nuit

Pour laisser la place au soleil

Les deux ne se chamaillent

Et ne se cherchent pas d'ennuis

C'est la normalité des évènements

Il y a du temps pour être honoré

Et celui pour être admiré

Mais il ne faut pas oublier

Qu'il y en aura celui pour crier

Et quelquefois pour pleurer

Dormir pauvre pour se réveiller riche

C'est semblable à la chasse d'Autriche

A un clin d'œil, on peut perdre sa richesse

Et tout perdre jusqu'à la source

C'est pourquoi il faut rester humble

Le lionceau qui est toujours gardé par la lionne

Se voit un jour devenir grand et posséder la couronne

Le lion vieux, incapable même de se défendre

Se retrouve hors du clan, avec envie de se pendre

Le petit deviendra aussi grand un jour

Les cours des évènements sur terre

Sont indépendamment de notre vouloir

Certaines arrivent car c'est leur tour

Et d'autres parce qu'on a provoqué le retour

Le mieux à faire, c'est observer ce tournoi

L'important c'est de garder le calme

Savoir se maitriser même avec les larmes

Et quelquefois préserver son attitude dans la joie

Car souvent nous sommes emportés et devenons des proies

Ainsi va la vie.

POURQUOI L'EPREUVE

Quel est notre regard vis-à-vis de l'épreuve ?

Pour quoi Dieu nous soumet-il aux épreuves ?

Si ce n'est pour que notre foi produise de la patience

Et que la patience produise notre performance

C'est pourquoi on doit regarder comme un sujet de joie complète

Les diverses épreuves auxquelles Dieu nous soumet

L'or doit être épuré pour devenir pur

L'homme pour qu'il soit parfait, il doit passer par les pires

La vie n'est pas toujours marrante

Mais souvent surprenante

Elle nous offre des choses amusantes

Si seulement, nous sommes patients

Comme le fer ne peut pas demander une forme au forgeron

Nadab n'en pouvait pas demander une à Aaron

C'est la même chose entre nous et l'Eternel

Le créateur de la terre et du ciel

Quand il nous forge, il est l'unique maître

Et ce n'est pas à nous de choisir où devrions-nous naître

Et comment devrions-nous naître

Ou quelle vie devrions-nous avoir

Et ou encore, quelle devrait être la qualité de nos avoirs

Laissons-le, nous forger

Pour que notre vie soit aménagée

Dans son usine, on en sort meilleur

Pour enfin toucher à notre bonheur

TA VISION, MA MISSION

Quand Dieu donne une vision
Il donne aussi une provision
En toi, tu dois avoir confiance
Pour voir la magnificence de son intelligence

Depuis le début de la création
En toi, il a mis ce qu'il avait caché aux nations
Sur cette terre, tu es unique
Comme Joseph avec sa tunique

Sois juste concentré à tes objectifs
Et pour le déroulement de ta vie, reste actif
Devant les tempêtes, ne panique
Même si devant toi, apparaîtraient les démoniaques

Tout ce qui est né de Dieu triomphe du monde
Même si les vaisseaux voguent sur les ondes
Je traverserai jusqu'à l'autre côté
Car je sais que toujours, tu es à mes côtés

Importe ceux qui se plantent sur mon chemin
Je ne me fatiguerai pas avant d'avoir mon parchemin
Car Dieu a pour moi de bons projets
Je serai couronné après cet horrible trajet

Je ne me reposerai qu'après avoir achevé ma course

Et prêt pour surmonter les secousses

Ne cherche jamais à avoir le respect

Mais plutôt à améliorer ton aspect

LE JOUR DE LA SEPARATION

Un jour tu partiras

Seul tu me laisseras

Angoissé, triste, solitaire

La vie me restera amère

Je ne m'empêche d'y penser

Car c'est au-delà de mes pensées

Un jour où personne n'échappera

Quand la mort nous visitera

La vie sur la terre est comme un voyage

Et nos fardeaux comme des bagages

Que chacun est censé porter jusqu'à la destination

Au risque de passer à côté de la mission

Nous sommes nés pour mourir un jour

Un à un, chacun à son tour

D'après quoi nous serons devant la cour

Chacun pour répondre aux actes de son séjour

C'est pourquoi on a intérêt à vivre chaque jour

Comme le dernier jour de notre séjour

A offrir plus d'amour à nos proches

Sans leur trop faire de reproches.

Table des matières

DEDICACE 5
REMERCIEMENTS 6
PREFACE 7
PROLOGUE 8
BRISE 10
EMMANUEL 12
JE PLAIDE COUPABLE 13
LA BATAILLE 15
LA GUERRE 17
MA LOUANGE 19
L'IGNORANCE DE LA CONNAISSANCE 21
L'AMITIE 23
GENERATION ANDROIDE 25
LA MUSIQUE 27
LES CONSEQUENCES DE L'ORGEUIL 28
MISERABLE 31
MON COEUR 33
QUI SUIS-JE 35
SERVIR LE DIEU D'ISRAEL 37
SOLUTAIRE 39
LE TEMPS PARLERA 40
POURQUOI L'EPREUVE 42
TA VISION, MA MISSION 44
LE JOUR DE LA SEPARATION 46

Printed by Books on Demand GmbH, Norderstedt / Germany